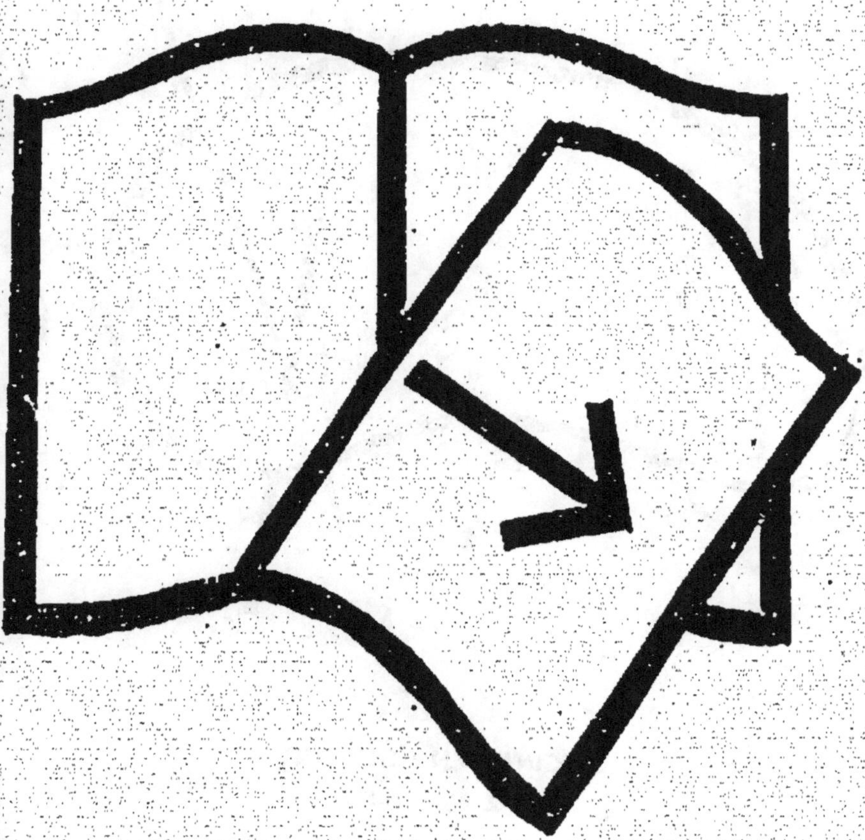

Couverture inférieure manquante

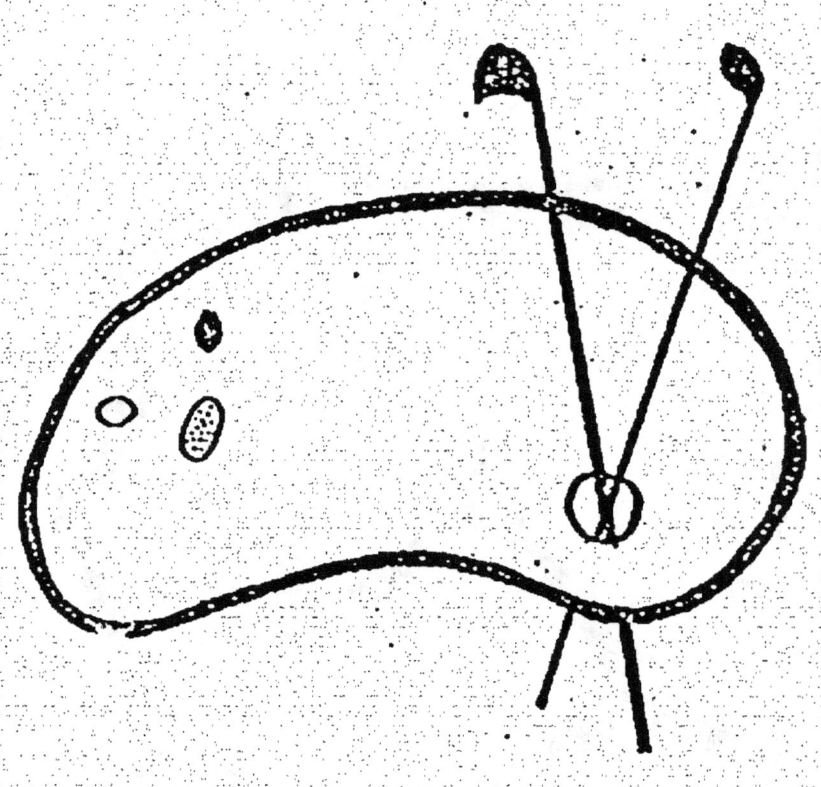

ORIGINAL EN COULEUR
NF Z 43-120-8

RT DES MAISONS

DANS LES

SYSTÈMES SOCIALISTES

PAR

JOSEPH GUÉRIN

Docteur en droit, Avocat à la Cour d'appel
Rédacteur en Chef de la " France Immobilière "

PARIS
IMPRIMERIE CHARLES SCHLAEBER
257, rue Saint-Honoré, 257

1907

LE SORT DES MAISONS

DANS LES

SYSTÈMES SOCIALISTES

PAR

JOSEPH GUÉRIN

Docteur en droit, Avocat à la Cour d'appel
Rédacteur en Chef de la " France Immobilière "

PARIS

IMPRIMERIE CHARLES SCHLAEBER

257, rue Saint-Honoré, 257

1907

LE

Sort des maisons dans les systèmes socialistes

« Le foyer domestique est la propriété
par excellence et le centre permanent
des affections de la famille. »

LE PLAY (*La Réforme sociale*).

Si l'on songe que le domicile privé peut tomber un jour sous la dépendance de l'autorité publique, cette perspective révolte des instincts profonds. Le foyer n'est plus un dieu, comme chez les peuples de l'antiquité. Mais c'est encore la providence de la famille et l'enceinte qui le renferme demeure sacrée. A défaut d'une croyance et d'un culte pour assurer l'inviolabilité des habitations, il existe des coutumes et des lois. Elles sont basées sur un principe — qui est inscrit dans la nature et ne date pas de 1789 — le principe de la propriété.

Il est difficile de concevoir le toit familial dans un pays où la propriété individuelle aurait été complète-

ment détruite. La possession de son abri constitue
pour un homme, et pour ceux qu'il regarde comme
« les siens », la meilleure garantie de sécurité, de
prospérité, de bonheur. Aussi serait-il désirable, dans
l'intérêt de la société, que chaque famille possédât sa
maison. Il faut, tout au moins, que cet idéal soit
accessible et que les conditions du logement pour les
non-propriétaires, aux points de vue de l'indépendance et du bien-être, se rapprochent le plus possible
de celles obtenues par l'acquéreur d'un immeuble.

Le système de la location, reposant sur la propriété privée, lui empruntant quelque chose de son
esprit et de ses droits, ne risque pas de porter atteinte
à l'autonomie du foyer domestique. Un particulier
respecte et fait respecter le domicile de son locataire.

Il est à craindre que les pouvoirs publics n'agissent
pas de même, lorsque investis de fonctions socialistes
à l'égard des constructions, ils pourront exercer sur
leurs habitants une influence directe.

Beaucoup se plaisent à penser que le socialisme,
dont ils reconnaissent pourtant les progrès, ne fran-
chira pas le seuil de nos maisons. Ils se trompent.
Sans doute, les programmes électoraux ont été jusqu'ici pleins de réserve sur ce chapitre. Sans doute,
les revendications populaires s'attaquent de préférence
aux capitaux industriels. Rien ne semble menacer les
demeures particulières d'une ingérence administrative. Cependant regardons de plus près, suivons la

marche des lois, étudions l'abondante littérature où se révèlent les tendances économiques.

Nous verrons se développer des préoccupations de justice et d'hygiène auxquelles sera peut-être sacrifié le souci de sauvegarder la famille et son foyer. Nous entendrons dénoncer la propriété individuelle comme responsable de tous les maux dont on se plaint, comme impuissante à les faire disparaître, notamment en ce qui concerne les habitations ouvrières.

L'attitude prise au regard de la propriété bâtie par les socialistes diffère quelque peu, au moins théoriquement, selon qu'ils s'inspirent du collectivisme proprement dit, de la théorie de la nationalisation du sol, ou du socialisme d'Etat.

Collectivisme

Il est certain que la plupart des collectivistes, lorsqu'ils demandent « la socialisation des moyens de production et d'échange », laissent la fortune immobilière en dehors de leurs plans de réforme. Les griefs qu'ils font valoir contre l'organisation économique actuelle ne visent pas une forme de capital, comme la propriété bâtie, dont les revenus ne sont pas dus à la collaboration d'un patron et de ses ouvriers. Nul n'oserait prétendre, j'imagine, que les loyers d'un immeuble représentent du travail non-payé aux ouvriers et devraient par suite leur revenir.

Il est même assez intéressant de noter que si la thèse fondamentale du collectivisme était exacte, si le travail était la mesure de la valeur des produits et pouvait seul légitimer leur appropriation, les propriétaires de maisons trouveraient dans cette thèse la consolidation de leurs droits. Le capital immobilier n'est en effet producteur que grâce à la gestion personnelle de l'individu qui le détient. Lui aussi pourrait revendiquer les profits qu'il retire de son immeuble comme étant le résultat de son effort.

Je sais bien que, pour diminuer la portée de cette remarque, certains économistes invoqueraient le phénomène de « la rente foncière » et diraient : les maisons comme les terres acquièrent d'année en année, par la force des choses, une plus-value que leurs propriétaires ne « méritent » pas, et d'où résulte une augmentation croissante de revenu.

Mais les faits donnent de fréquents démentis à la loi, purement idéale, de la rente foncière, inventée par Ricardo. Le collectivisme d'ailleurs ne découle pas de cette prétendue loi. Nous la retrouverons plus tard quand nous parlerons du système de la nationalisation du sol.

Cependant il ne faudrait pas juger les collectivistes d'après la rigueur des principes qui servirent de point de départ à leurs revendications. Ils ne restent pas tous strictement subordonnés aux idées de Karl Marx et beaucoup, notamment, sont en sympathie avec Ricardo. Le collectivisme est un état d'esprit bien plutôt qu'une théorie rationnelle. Ses adeptes relèvent moins de la science que de la psychologie.

Si nous les observons à ce point de vue, nous sommes obligés de constater chez eux un courant humanitaire les entraînant à vouloir le bien-être pour tous, une tendance générale vers la suppression de toute propriété individuelle quelle qu'elle soit, en même temps qu'une aveugle confiance dans l'Etat ou l'autorité communale. Dominés par ces sentiments, plusieurs d'entre eux, dépassant les bornes de la logique, sont arrivés à réclamer pour les maisons elles-mêmes un régime plus conforme aux aspirations égalitaires. Ils rêvent du logement gratuit et obligatoire. Dans une société où régnera nécessairement une discipline militaire, il était tout naturel qu'on songeât à nous installer dans des casernes.

C'est en effet sous cet aspect rébarbatif qu'apparaissent la plupart des constructions ouvrières actuellement existantes, vantées par les réformateurs comme le modèle et l'embryon de la cité future.

A vrai dire celle-ci n'a jamais été décrite d'une façon complète par les écrivains ou les orateurs qui ont essayé de faire œuvre positive en traçant les règles de l'organisation collectiviste. Cependant, à défaut de détails sur la situation nouvelle qui serait faite à tous les immeubles anciens et nouveaux, quelques projets partiels ont été esquissés par certains socialistes.

Comme il fallait s'y attendre, ce n'est pas M. Jaurès qui s'est exprimé le plus clairement sur ce point. Mais l'enthousiasme et l'éloquence suppléant à l'exactitude, il s'est jadis écrié : « Oui, quand la société future ne se traînera plus dans l'ornière capitaliste, quand elle pourra substituer de vastes et nobles demeures aux sordides logis des propriétaires, sans se demander si le capital trouvera une rémunération suffisante à cette œuvre de santé et de beauté, quand elle sera affranchie de la loi capitaliste qui est, dans l'ordre social, l'équivalent de la loi de la pesanteur, de sublimes architectures s'ordonneront et jailliront tout à coup, renouvelant la structure même des cités, selon une loi supérieure de justice et de joie... »

Depuis l'année 1900 où il formulait cette grandiloquente prophétie, M. Jaurès n'a pas abandonné son optimisme.

Dans le discours qu'il a prononcé les 12 et 14 juin 1906 à la Chambre des députés, sur l'application de ses théories, il a déclaré : « La société multipliera les immeubles sains et spacieux et supprimera la tyrannie du loyer ».

Ainsi, d'après lui, les moellons et les briques, les charpentes et les murs s'assembleront comme par enchantement, pour nous offrir à tous de splendides palais, au lieu et place des anciens immeubles abattus. Rien de plus simple que cette génération spontanée des architectures. Seulement on ne nous dit pas quel sorcier fera le miracle. M: Jaurès, trop discret, nous laisse un peu sceptiques.

Tout aussi fantaisiste, mais moins avare d'explications, M. Deslinières a prédit l'avenir en ces termes :

« L'Etat étant propriétaire de toutes les maisons, c'est lui qui les affermera aux particuliers. Mais là, comme partout, son intervention sera toute paternelle. Ce ne sera plus le rapace M. Vautour exploitant à outrance ses malheureux locataires, exigeant d'eux un prix exorbitant en échange de locaux étroits et souvent malpropres, leur imposant des conditions tyranniques, les livrant sans défense à l'humeur atrabilaire de son concierge et les jetant impitoyablement sur le pavé, si un malheur les met dans l'impossibilité de lui verser le tribut trimestriel. L'Etat n'aura pour but que d'être agréable à ses locataires, de leur rendre la vie facile. D'abord, plus de ces longs baux si gênants parfois ; le locataire garde son appartement autant qu'il veut et le quitte quand il lui plaît, sans avertissement préalable ni indemnité. Aucun appartement ne changera d'habitant sans avoir été réparé et désinfecté ; l'eau, le gaz, l'électricité existeront partout. L'usage en sera gratuit, c'est-à-dire sera compris dans le prix du loyer. Tout citoyen choisira l'appartement qui lui conviendra ; le loyer lui en sera retenu mensuellement sur son salaire ou sa pension » (1).

Ces aimables promesses évoquent l'Age d'or. Elles seront tenues par l'Etat, n'en doutez pas, si la direction des affaires en général, et les fonctions de concierge, en particulier, appartiennent à des Dieux. Imparfaits, de simples mortels n'atteindraient jamais une telle perfection dans le gouvernement de leurs semblables. Tant qu'ils seront au pouvoir, ce que vaudra l'Etat propriétaire, nous essayerons plus loin de le montrer.

Les innovations annoncées par MM. Jaurès et Deslinières sembleraient le comble de la fantaisie sans les beaux rêvés de Fourrier. Nous rappellerons, pour mémoire, son phalanstère où des groupes fraternels vivraient en commun dans les dortoirs, les réfectoires, les salles de jeu.

Mais laissons de côté ces prophètes. L'essentiel est de constater que, dans la société collectiviste, les maisons n'échapperaient pas au sort des autres catégories de capitaux. « Le principe socialiste, a dit Schaeffle, est opposé, non seulement au maintien de la propriété individuelle des moyens de production privés, directement exploités, c'est-à-dire des entreprises privées (affaires individuelles, sociétés par actions et autres associations de capitaux privés),

---

(1) Deslinières. « L'organisation collectiviste », p. 275.

mais encore de la propriété individuelle des sources indirectes de revenus, c'est-à-dire de tout le système actuel de crédit, de prêt, de loyer et de fermage » (1).

En dehors de ce collectivisme intégral ont été conçus des systèmes collectivistes limités, applicables seulement à des constructions neuves et destinés à rendre gratuit le logement des familles ouvrières. Ils sont considérés par leurs inventeurs soit comme provisoires, soit comme devant suffire aux espérances socialistes.

M. Raoul Laborderie en a signalé quelques-uns dans un ouvrage sur « Les Habitations à bon marché » (2). Il y rappelle que le socialiste Fabien a préconisé l'expropriation, sans indemnité préalable, de tous les terrains non bâtis sur lesquels l'Etat construirait des logements. Ces logements seraient fournis gratuitement ou moyennant une redevance aussi minime que possible, représentant uniquement les frais d'entretien ou ceux nécessités par l'opération. Le logement ainsi assuré aux travailleurs deviendrait un service communal, comme le sont déjà dans beaucoup de villes les fournitures d'eau, de gaz ou d'électricité.

L'inventeur de cette combinaison procède, on le voit, comme si, déjà, il n'existait pas de nombreuses

---

(1) Schaeffle: « La quintessence du socialisme », p. 68.
(1) Raoul Laborderie, les Habitations à bon marché, 1902, p. 93.

demeures élevées par des générations successives pour abriter les vivants. Il préfère des villes toutes neuves, sans songer à la besogne immense, interminable et superflue que ces créations exigeraient, sans comprendre que le capital immobilier qui est l'œuvre des siècles ne peut rester inemployé, sans reculer enfin devant les frais énormes de l'entreprise.

Sans doute elle s'accomplirait de toute nécessité par étapes et les constructions seraient d'abord en petit nombre. Mais alors on ferait supporter à la masse des contribuables une lourde charge au profit de quelques-uns, et voilà ce que nous ne saurions admettre.

Un autre procédé de logement gratuit, ou du moins, tendant à la gratuité après un délai déterminé (60 ans), a été proposé par M. Maurice Charnay, dans un article de la *Revue Socialiste* (1). Des maisons seraient construites par la municipalité grâce à un emprunt. Ces maisons seraient données en location pendant une première période de vingt-cinq ans à des locataires qui paieraient un loyer calculé de façon à amortir l'emprunt et à en régler l'intérêt. En échange des sommes ainsi déboursées, des fonctionnaires spéciaux délivreraient des bons productifs d'intérêt portant sur les deux tiers de ces sommes. Pendant une seconde période de vingt années, les bons, grâce à

____

(1) Février 1893.

l'accumulation des loyers, seraient remboursés au pair aux locataires qui recevraient, en échange du loyer qu'ils continueraient à payer, de nouveaux bons de moitié cette fois, remboursables dans les mêmes conditions que les premiers, au cours de la période suivante. Enfin il faudrait une troisième période de quinze ans pour amener l'amortissement de ces bons par une location régulière.

Après ce délai, on ne trouverait plus de bons en circulation et la dette ainsi gagée serait éteinte. La gratuité serait de la sorte obtenue par suite de l'exploitation. Seuls les frais généraux subsisteraient à la charge des occupants.

Nous n'aurons pas besoin d'insister pour faire ressortir la complication et les aléas de cette combinaison financière. Son inventeur ne semble pas tenir compte du danger auquel s'exposerait la commune de ne pouvoir faire face à l'amortissement des bons remboursables au pair.

Dès qu'ils sortent du domaine spéculatif, les collectivistes, s'ils ne veulent abdiquer leurs chimères, se heurtent à des obstacles insurmontables. Aussi, les voyons-nous quelquefois se contredire eux-mêmes et recommander dans la pratique ce qu'ils avaient repoussé en théorie. M. Hector Denis en fournit un exemple. « La propriété individuelle, a-t-il dit, ne s'adaptant que d'une manière imparfaite à sa fonction sociale, l'intervention de la propriété collective est nécessaire à l'accomplissement de cette fonction sociale de la propriété : d'assurer au plus grand nombre des logements sains et à bon marché ». Partant de ce principe, M. Hector Denis réclama d'abord la création, sous la garantie de l'Etat, d'une société fortement centralisée, pour procurer aux ouvriers des logements. Mais par la suite, sentant combien la question de l'habitation est une question locale et variable selon les villes, il préconisa de préférence la création de sociétés provinciales. Enfin, le même théoricien en vint à admettre le concours des initiatives privées et à reconnaître l'impossibilité de réaliser ce projet idéal : la prestation gratuite du logement par le moyen des pouvoirs publics.

En somme, ceux qui ont été d'avis de socialiser les habitations comme les autres formes de capital, n'ont pas donné à ce problème de solution praticable. Ils se sont d'ailleurs bornés, pour la plupart, à chercher le moyen de fournir aux ouvriers, gratuitement ou à bon marché, des constructions neuves. Quant aux constructions anciennes, ceux qui ont l'intention de les attribuer à la société sont assez rares et ils se gardent bien de déflorer leurs séduisantes utopies en s'expliquant nettement sur les voies et moyens qu'ils utiliseront pour atteindre leur but.

Beaucoup de collectivistes même sont hostiles à ce programme et s'en tiennent à la socialisation des moyens de production. C'est ainsi que M. Lamendin, député, s'écriait en 1892 : « Le meilleur moyen d'aliéner la liberté des ouvriers, c'est de les obliger à rester dans les cités ouvrières, dans ces cités où l'on interdit la vente de certains journaux, où l'on empêche la distribution de circulaires convoquant à des réunions, où l'on entravera, peut-être, la distribution des bulletins de vote. »

Nationalisation du sol

Mais il est une autre catégorie de socialistes, peu nombreux en France, pour qui l'expropriation des propriétaires fonciers est l'œuvre essentielle à poursuivre : ce sont les partisans de la nationalisation du sol. Leur système s'appuie sur l'idée de la rente foncière dont nous avons dit précédemment quelques mots. Pour eux, la nationalisation du sol doit entraîner la nationalisation des constructions.

Les uns pensent qu'une indemnité d'expropriation devrait être accordée aux détenteurs actuels des maisons; les autres ne craignent pas de repousser, purement et simplement, le principe d'une indemnité. C'est là, on le conçoit, une question considérable qui se pose également avec le collectivisme. Elle a donné lieu à de longues discussions et à des propositions diverses sur lesquelles il serait trop long de s'attarder. Tout ce que nous pouvons dire à ce sujet, c'est que l'expropriation avec indemnité exigerait des capitaux que l'Etat ne trouvera nulle part, et que l'expropriation sans indemnité ressemblerait singulièrement à un vol.

Quant à l'exploitation des immeubles socialisés, voici en général ce qu'on propose : l'Etat donnerait à bail les maisons aux particuliers. S'il s'agissait d'en construire, l'Etat pourrait se charger lui-même du travail ou le concéder à des entrepreneurs auxquels il reconnaîtrait la propriété temporaire, une sorte d'emphytéose permettant à ceux-ci de rentrer dans leurs déboursés.

En sorte que les locataires n'en continueraient pas moins à payer des loyers. Ils ne feraient que changer de propriétaire et leur situation n'en serait pas améliorée. Ne comporterait-elle pas au contraire bien des risques, des vexations et des abus de pouvoir que n'entraînent pas les locations à l'heure actuelle? Les loyers eux-mêmes n'arriveraient-ils pas à coûter beaucoup plus cher dans une société qui administrerait certainement ses biens d'une façon moins économique que les particuliers?

Un autre danger a été mis en lumière par M. Deschamps, professeur à la Faculté de Droit de Paris. « Les locataires de l'Etat perdraient bien vite, a-t-il dit, l'habitude de se considérer comme des locataires. Ils verraient dans le loyer un impôt, se considéreraient comme des contribuables; c'est un phénomène psychologique inévitable. Vous voyez d'ici à quelles promesses électorales cela donnerait lieu. Une tarification des loyers interviendrait bien vite, remplacerait la concurrence et ce serait à qui s'engagerait à la faire baisser le plus. » (1)

Enfin si l'on envisage cette réforme au point de vue même auquel se placent les partisans de la nationalisation du sol, on s'aperçoit de l'inutilité du changement qu'ils veulent opérer. Ils reprochent aux propriétaires de bénéficier d'une « plus-value imméritée », la rente foncière. Ils ne prétendent pas mettre un terme à ce phénomène, ils désirent seulement enlever le bénéfice de la rente aux individus pour l'offrir à la société. Mais alors, si la rente subsiste, elle exercera la même pression sur les locataires, les loyers continueront à s'élever, qu'ils appartiennent à l'Etat ou aux propriétaires fonciers. Le changement ne sera avantageux pour personne, pas même, nous pourrions le démontrer, pour l'Etat qu'on veut favoriser.

Une partie de ces reproches s'appliquerait également à l'ingénieux procédé d'Henri George qui, lui, jugeait inutile d'enlever leurs biens aux propriétaires. « Nous pouvons leur laisser l'enveloppe, écrivait-il, si nous prenons l'amande. Il n'est pas nécessaire de confisquer la terre ; il est seulement nécessaire de confisquer la rente. » (2) Pour cela il demandait la

---

(1) Histoire des Doctrines économiques. Cours de 1900-1901.
(2) Henri George. Progress and Poverty.

création d'un impôt représentant la rente foncière et l'absorbant. Précurseur et peut-être inspirateur des parlementaires français d'aujourd'hui, Henri George avait aperçu qu'une audacieuse fiscalité peut tenir lieu d'expropriation.

Quelque soit la méthode employée, la confiscation des « plus-values imméritées » n'a aucune raison d'être. La valeur des immeubles est soumise, pratiquement, à des variations inconstantes. Elle s'accroît et s'abaisse sous l'influence des faits. Les mouvements de hausse n'ont pas le double caractère de permanence et de nécessité qui seul permettrait d'en induire une loi économique. Il n'y a pas lieu de chercher, par esprit de justice, à enlever aux particuliers une rente foncière qui, la plupart du temps, aujourd'hui surtout, n'existe pas. Le système de la nationalisation des immeubles est donc aussi mauvais dans son principe que dans ses applications.

Socialisme d'État

Quand nous demandons aux collectivistes ce qu'ils veulent faire de nos maisons, ils nous entraînent à leur suite vers des cités imaginaires. Si nous interrogeons les socialistes d'Etat, ils nous rapprochent davantage de la réalité. Les premiers en sont encore à planter les jalons de leur paradis terrestre; les seconds, déjà, commencent à nous montrer leurs œuvres.

C'est que ceux-ci n'ont pas la prétention de transformer radicalement le régime foncier basé sur la propriété individuelle. Son maintien ne leur paraît pas incompatible avec des réformes socialistes. Sans recourir à l'expropriation systématique, ils estiment que l'Etat ou les communes, par des interventions de plus en plus étendues, peuvent accroître le bien-être de la société.

Ils ne condamnent pas la propriété; ils la limitent. Ils ne la détruisent pas, ils l'utilisent et l'asservissent à des fins humanitaires.

Cette forme de socialisme s'inspire d'une défiance complète vis-à-vis de l'initiative et de l'action libres, qu'elles soient isolées ou collectives. Faire appel à la loi, au règlement, à tous les modes de la puissance publique, tel est, pour les Etatisants, le moyen vraiment efficace de réaliser des progrès.

L'extension croissante des fonctions de l'Etat à laquelle nous assistons depuis plusieurs années est conforme à ce système. Sa dernière manifestation fut, en France, il y a peu de temps, le vote de la Chambre sur le rachat du chemin de fer de l'Ouest.

Pourtant, il serait excessif de regarder comme socialistes toutes les interventions du pouvoir dans la vie économique. Seules appartiennent à cette catégorie celles qui influent sur la répartition et l'utilisation des richesses, afin d'établir plus d'égalité effective entre les hommes. Ici se pose la question sans cesse débattue des limites à maintenir entre le domaine de l'individu et le domaine de l'Etat. Nous n'avons pas l'espoir de la résoudre.

Il nous sera donc difficile, en examinant les différents actes d'autorité, accomplis ou projetés, envers la propriété bâtie, de distinguer nettement ceux qui ont un caractère socialiste.

Mais ce que nous pouvons assurer, c'est que, chez nous, les pouvoirs publics exercent une action de plus en plus grande sur les immeubles, en maintes hypothèses et suivant des procédés très divers. Cette action tend à devenir excessive. Et si le socialisme d'Etat n'a pas encore fait peser sur les maisons son lourd despotisme, du moins s'en faut-il de bien peu.

Parmi les mesures législatives ou réglementaires qui ont été prises, relativement aux habitations, beaucoup sont proches parentes du socialisme. Elles entravent le libre jeu de l'offre et de la demande et restreignent la liberté du propriétaire. Elles constituent, en un mot, une réaction marquée contre l'économie politique individualiste, conformément aux axiomes de Dupont-White qui voyait dans l'individu : « l'éternel obstacle au progrès » et dans l'Etat : « le pouvoir de la Raison. »

La loi du 15 février 1902 sur la santé publique et les règlements municipaux qui en découlent, bien que respectueux de la propriété, paraissent être le commen-

cement d'une série d'interventions étatistes de plus
en plus rigoureuses, en faveur de l'hygiène dans les
habitations. Sur ce point l'Administration française
entre dans une voie réglementaire dont on ne saurait
prévoir les bornes. C'est un symptôme certain d'évolution vers le communisme.

Il est à remarquer d'ailleurs que, dans beaucoup de
réglements sanitaires, à commencer par le règlement
type émané du Ministère de l'Intérieur, les prescriptions
imposées vont jusqu'à prévoir des détails de construction très minutieux. Les fonctionnaires chargés d'ap-
pliquer la loi sont plus autoritaires que la loi elle-
même. Ils commettent des illégalités pour obéir au
courant socialiste dont ils subissent, peut être incons-
ciemment, l'influence.

Certains réformateurs ont plus de franchise. Ils
réclament des lois nouvelles, celle de 1902 ne leur
paraissant pas suffisante pour amener, par voie de
contrainte, l'assainissement des maisons anciennes.
M. Siegfried, par exemple, voudrait que la commune
fût autorisée à poursuivre l'expropriation d'un immeuble pour cause d'insalubrité.

Dans un autre ordre d'idées — en matière d'impôts
— les mêmes atteintes à la propriété se font sentir
Il est même indéniable qu'elles se manifestent ici d'une
manière exceptionnellement grave et caractéristique.

Le socialisme d'Etat se reconnaît précisément à ce
qu'au lieu d'exproprier les citoyens de leur capital, il

prend leurs revenus par l'impôt. Celui-ci devient un véritable instrument de socialisation quand les produits de la richesse acquise ou du travail, étant absorbés par la société, dans une très forte proportion, de ceux qui ne sont pas imposés ou le sont à peine, les contribuables surtaxés n'ont plus qu'une jouissance précaire de leurs droits.

Pour les propriétaires fonciers ce moment est proche. Frappés de contributions dont chaque année précipite la marche ascendante, les immeubles paraissent devoir être les premières victimes du procédé fiscal grâce auquel d'habiles politiciens peuvent arriver à cet étrange résultat : de ruiner un contribuable sans le déposséder.

Socialiste aussi sera la législation qu'on nous prépare sur « les Habitations à bon marché ».

Les Étatisants n'ont pas la prétention, comme certains collectivistes, d'assurer le logement gratuit aux classes laborieuses. Leur but est de procurer, à la masse des non-propriétaires, « un logis convenable et sain au prix le plus réduit qu'il soit possible d'atteindre pratiquement (1) ». Leur moyen, pour arriver à ce but, est de substituer l'action des pouvoirs publics à celle des particuliers.

Le patronage et les encouragements accordés par la loi du 30 novembre 1894 aux constructeurs d'ha-

----

(1) Raoul Laborderie. Les Habitations à bon marché.

bitations à bon marché ne sont pas, à proprement parler, une émanation de ces principes. Rien ne permet encore à l'administration d'évincer les initiatives libres, dans la construction, la distribution et la mise en exploitation des logements économiques. Les immunités fiscales, les facilités d'emprunt aux établissements publics, les privilèges divers créés par la loi de 1894 et les lois subséquentes étaient destinées, dans la pensée de leurs promoteurs, plutôt à stimuler qu'à remplacer l'industrie privée.

Ne perdons pas de vue, cependant, que ces mesures législatives ont inauguré, en France, un régime interventionniste à l'égard des habitations et contenaient en germe le socialisme d'Etat qui s'affirme de plus en plus dans les derniers projets parlementaires relatifs à la question du logement et appelés à devenir des lois.

Lorsqu'une démocratie avide de réformes encourage les entreprises particulières, elle tend à les absorber. Entre la protection et l'expropriation la distance n'est pas si grande qu'on le suppose. Nous nous acheminons de l'une vers l'autre.

De purs socialistes, comme Benoît Malon et Antoine Menger, ont évidemment contribué, dans une certaine mesure, à cette évolution, quand ils faisaient entrer dans les attributions de la commune le soin de fournir un gîte aux habitants. Mais des philanthropes, peu favorables en principe au socialisme, lui prêtent également leur appui, par la façon dont ils conçoivent et favorisent le rôle de l'autorité en matière d'Habitations à bon marché.

Ce sont ces derniers qui, à force de réclamer le concours de l'Etat ou de la Commune, vont bientôt mettre les maisons sous leur tutelle.

Ils n'ont pas discerné les vraies causes des piètres résultats donnés par la loi de 1894. Ils n'ont pas compris que le problème du logement demeurera toujours en suspens, tant qu'on ne cherchera pas sa solution du côté des maisons existantes et tant que, pour celles-ci, des charges excessives empêcheront l'abaissement des loyers. Au lieu de mettre en doute l'efficacité des interventions officielles en faveur des constructions neuves, ils demandent maintenant des interventions plus accentuées, dans le même sens.

La loi du 12 avril 1906 est le plus fidèle reflet des tendances que nous venons d'analyser. Elle permet aux départements et aux communes d'encourager les Sociétés d'Habitations à bon marché de la façon suivante :

1° Par des prêts à ces Sociétés ;

2° Par la souscription d'actions ;

3° Par des apports de terrains ou constructions ;

4° Par des cessions de terrains ou constructions ;

5° Par la garantie d'un intérêt ou dividende de 3 0/0 au maximum aux obligataires et actionnaires.

Ce n'est pas encore l'exploitation directe par les

pouvoirs publics. Mais des lois de ce genre nous en rapprochent chaque jour davantage. Il est probable que M. Jaurès les vote avec enthousiasme.

Jusqu'où les Etatisants peuvent être entraînés par leurs théories, un ouvrage récent permet de s'en rendre compte (1). Son auteur, M. Bellamy, y a tracé un programme qu'il préconise et que nous reproduisons à titre documentaire :

« Les communes, dit-il, doivent se proposer un triple objectif :

a) L'expropriation et la démolition des maisons insalubres;

b) La construction d'habitations saines;

c) La fixation et le maintien des loyers à un taux ne dépassant pas les facultés de cette partie de la population à laquelle sont destinées les habitations.

Pour que ce triple but soit atteint la construction et l'exploitation par la commune ne seront pas toujours nécessaires; des concessionnaires, en particulier des sociétés de construction, pourront en être chargés. Dans ce cas, il sera souvent utile que l'influence de la commune reste prépondérante dans la direction des travaux et dans l'administration.

Mais souvent aussi il y aura avantage à ce que les municipalités construisent et exploitent elles-mêmes.

---

(1) Les Habitations à bon marché. De l'intervention des pouvoirs publics. Bellamy. 1905.

L'Etat devra guider et diriger cette action des communes, par une réglementation générale et par l'exercice de la tutelle administrative. Au besoin, il lui viendra en aide par des prêts ou des subventions.

Quant au département on doit lui reconnaître les mêmes droits qu'à la commune. Mais en pratique son rôle sera moins important... »

En présence de tous ces beaux projets on se demande quels sont les arguments dont se servent leurs auteurs pour les justifier. D'où vient la confiance grandissante du législateur envers l'administration, et la défaveur, non moins grandissante, dans laquelle il tient les particuliers? Ceux-ci ne suffiraient-ils pas à fournir à tous des logements sains et peu coûteux? L'Etat s'acquitterait-il mieux qu'eux de cette fonction? N'est-ce pas lui, au contraire, qui empêche les propriétaires de la remplir?

A ces questions, d'une évidente actualité, nous nous efforcerons de répondre.

L'Etat Providence

Distincts en théorie, les systèmes que nous avons brièvement exposés procèdent au fond du même esprit et leurs moyens d'exécution sont les mêmes. Bien que le mot socialisme soit appliqué souvent à des idées contradictoires, bien que le sens en ait été très obscurci par l'abus qu'on en a fait, il n'est pas impossible de le définir.

Entre le collectivisme, la nationalisation du sol et le socialisme d'Etat, il n'existe guère que des différences de degré. Leur objectif commun est d'exproprier les capitalistes afin d'améliorer le sort de la classe ouvrière. Leur formule pratique est de rendre les pouvoirs publics maîtres et dispensateurs des richesses. Prendre aux uns pour donner aux autres, telle est, en somme, leur pensée dominante.

Cette similitude de vues n'est pas de nature à faire croire que les résultats seraient très différents selon que triompherait l'une ou l'autre forme de socialisme. Les bornes dans lesquelles prétendent se contenir les Etatisants, les intentions qu'ils affichent de maintenir, en principe, la propriété, sont purement spéculatives. Une fois entamée, systématiquement, la liberté d'acquérir et de posséder, nul ne sait où l'on s'arrêtera.

Quant aux arguments d'ordre général, caractéristiques du socialisme, ni leur exposé, ni leur discussion ne rentrent dans les cadres de cette étude. Mais il convient de rappeler les considérations particulières dont on s'est prévalu pour assigner à la Commune ou à l'Etat un rôle prépondérant en matière d'habitation. Nous touchons ici à des raisonnements dignes d'un sérieux examen, parce qu'ils découlent de la réalité.

Le problème du logement n'est pas une invention socialiste. Tout le monde s'accorde à penser que beaucoup de pauvres gens sont logés dans des conditions déplorables, nuisibles physiquement et moralement. Surpeuplés ou insalubres, parfois l'un et l'autre ensemble, certains locaux sont indignes d'abriter une famille. De là cette ardente croisade contre les taudis entreprise par des hommes de bien comme MM. Cheysson et Georges Picot.

Le développement de la grande industrie et l'afflux des populations vers les villes ont donné plus d'acuité au mal, cela n'est pas douteux. Mais sa principale cause est, à coup sûr, l'énormité des impôts frappant l'immeuble. Nous aurons l'occasion de le démontrer.

Quoi qu'il en soit, il est bien vrai qu'il y a lieu de procurer des habitations plus vastes et plus saines à un grand nombre d'ouvriers. Exagérant d'ailleurs la gravité des circonstances, les socialistes s'en emparent. Tandis que de notables économistes s'en remettent à l'initiative privée pour la solution du problème, d'autres la demandent à l'autorité publique. Ces derniers, non sans habileté, laissent au besoin les pures théories économiques en dehors du débat. Ils dépeignent la situation sous le plus sombre aspect. Ils invoquent « l'immensité du travail à accomplir ». Puis ils disent : « Les pouvoirs publics ont le devoir d'intervenir dans une tâche qui est au-dessus des forces de l'initiative privée (1). »

Ce langage a été tenu, non pour obtenir la socialisation de tous les immeubles indistinctement, mais pour provoquer la construction et l'exploitation par les municipalités d'une certaine catégorie d'habitations, dites « à bon marché ». Il s'agissait là néanmoins d'une intervention socialiste, quoique limitée. Les raisons développées en sa faveur se retrouvent dans la bouche des communistes les plus avancés aussi bien que dans celle des plus modérés étatistes. Mais l'accord entre eux existe surtout dans la croyance aux vertus supérieures des pouvoirs publics.

Au bout de tous leurs raisonnements, comme conclusion à tous leurs projets de réforme, les adeptes des systèmes socialistes proposent en effet un même facteur de progrès : l'Etat. Il faut entendre par ce terme générique, le Département, la Commune ou l'Administration centrale.

Opposant l'action des particuliers à l'action de l'Etat, on attribue à celle-ci toutes les qualités, tous les avantages, on reproche à celle-là beaucoup de défauts et d'inconvénients. Dans un rapport au Congrès International des habitations à bon marché, M. Rostand a très exactement résumé les principaux motifs de cette préfé-

---

(1 · M. Ernest Mahaim. Congrès international des Habitations à bon marché, 1900. — Voir également : Henry Turot et Bellamy : « Le surpeuplement et les Habitations à bon marché », 1907.

rence. Voici, parmi les arguments cités et réfutés par lui, ceux que nous regardons comme appartenant à tous les genres de socialisme :

1° Le propriétaire privé de la maison est porté à en poursuivre l'utilisation la plus productive, sans égard pour les intérêts de l'hygiène ou de la morale ; l'intérêt personnel est ici en désaccord avec l'intérêt général. Pour soustraire les faibles à des conditions matérielles d'existence incompatibles avec la dignité morale et la santé physique, l'intervention des pouvoirs publics est nécessaire ;

2° L'initiative privée est impuissante à pourvoir à un mal qui est immense, celui des mauvais logements. Seuls les pouvoirs publics, avec leurs moyens d'action illimités y suffiront ;

3° La construction et l'exploitation par les pouvoirs publics seront préférables étant désintéressées et contrôlées ;

4° Moins onéreuses, elles permettront de louer sans perte, mais sans bénéfice, à prix de revient, et de rendre ainsi le service à meilleur marché ;

5° Les communes sont particulièrement qualifiées pour fournir le logement aux familles les plus pauvres de leur population, comme elles fournissent l'eau, l'éclairage des promenades, des squares, des parcs.

M. Rostand a présenté ces arguments comme étant ceux des socialistes d'Etat. Mais les collectivistes ne manquent pas également de les faire valoir. Ils y ajoutent quelques idées complémentaires. Celles-ci par exemple :

a) Il serait insuffisant, inefficace, de socialiser un nombre forcément restreint de maisons neuves, en laissant les anciennes à leurs propriétaires. Pour faire œuvre utile, on devra remettre à l'Etat la totalité des capitaux immobiliers.

b) Il faut supprimer « la tyrannie du loyer » (Jaurès).

c) « Avec le régime collectiviste aucune considération budgétaire ne se posera ; aucune indemnité ne sera à payer ; la main-d'œuvre, les matériaux surabonderont ; on pourra porter hardiment le pic du démolisseur dans toutes les vieilles masures et les remplacer par des maisons modernes, par des monuments somptueux (Deslinières) (1). »

d) « On n'introduira de l'ordre et de la stabilité dans l'habitation ouvrière que lorsqu'on la soustraira à la charge usuraire des loyers et que la société l'organisera méthodiquement en tenant compte des lieux où s'exerce chaque métier (Schaeffle) (2). »

Les leçons de l'expérience

Il n'est pas besoin de pousser l'individualisme à l'extrême pour trouver des illusions où le socialisme voit des certitudes. Nous non plus nous ne pensons

____

(1) L'application du système collectiviste, p. 271.
(2) La quintessence du socialisme, p. 60.

pas que l'individu se suffise à lui-même. Nous aussi nous croyons que l'Etat a un rôle de protection sociale à remplir. Certes la Révolution française avait tort d'ériger l'homme en une sorte d'entité indépendante et de lui interdire toute association. Les forces collectives ont leur nécessité aussi bien que les forces individuelles.

Quoi qu'on fasse d'ailleurs, ces deux formes d'activité subsisteront et se compléteront l'une l'autre. S'il est à prévoir que les attributions de la collectivité s'amplifieront, il n'est pas à craindre que la personnalité abdique totalement sa part d'initiative et d'influence. Le point le plus important, le plus délicat, est de savoir quelle direction donner aux actes de la puissance publique.

C'est ici surtout que s'accuse notre désaccord avec les socialistes. Ils visent à égaliser les conditions matérielles d'existence, tendant ainsi à engendrer des satisfactions purement individuelles et non pas la prospérité sociale comme les apparences le font croire. Leur étiquette signifie bien que la société pour eux est un moyen ; mais en définitive elle n'est pas leur but. Or, ce but lui même ils ne l'atteindront pas. S'ils s'en approchent, ils ne feront un peu de bien qu'en suscitant beaucoup de mal. Ils conduiront le pays vers sa ruine. Le socialisme est antisocial.

Pour qui a compris la complexité des problèmes économiques, celle en particulier du problème de l'habitation, il apparaît que l'Etat fait fausse route en s'engageant dans des réformes préparatoires du collectivisme. Quand il facilite l'accession du travailleur à la propriété, quand il maintient l'indivision du patrimoine familial, en principe il a raison. Mais il se trompe dans les moyens qu'il emploie pour procurer aux ouvriers des logements hygiéniques et peu coûteux.

Suivant une méthode qui lui est chère, le Parlement a bien songé au résultat immédiat de ses lois sur les habitations à bon marché; il n'a pas vu leurs résultats différés. Au lieu de gouverner pour aujourd'hui, s'il gouvernait pour demain, il n'aurait pas autorisé des interventions qui favorisent les uns au détriment des autres, qui agissent sur la répartition des richesses, qui faussent la loi de l'offre et de la demande, qui comportent de néfastes incidences et n'améliorent nullement la situation.

En étudiant les conséquences des lois de 1894 et 1906, si légère que soit leur teinte socialiste, on découvre combien l'interventionnisme ainsi compris est à la fois trompeur et dangereux.

Il est certain tout d'abord que ces lois ont manqué leur but. S'il existe des sociétés d'habitations à bon marché vraiment sérieuses, vraiment bienfaisantes, elles sont peu nombreuses et le législateur a bien peu contribué à leur naissance. Par contre il semblerait peut-être fort coupable, si l'on parvenait à démêler sa

part de responsabilité dans les spéculations auxquelles donnent lieu les maisons économiques. Beaucoup,
séduisantes à l'œil naïf des badauds, ont une fâcheuse
tendance à s'effondrer après leur paiement par l'ache-
teur.

Le système des exemptions fiscales accordées aux
constructeurs d'habitations à bon marché n'a pas eu
les effets qu'on en attendait. Les dégrèvements sont
trop peu importants et de trop courte durée, même
depuis la loi de 1906, pour attirer les capitaux sur ce
genre de placement. Le maximum d'intérêt fixé pour
les actions des sociétés de construction, empêche
également les concours financiers de se produire. Et
c'est pourquoi les spéculateurs cherchent une com-
pensation dans la mauvaise qualité des matériaux
employés.

Pour encourager davantage à construire des maisons ouvrières et pour les rendre habitables par la
catégorie d'ouvriers à secourir, il faudrait que les
exonérations d'impôts fussent très fortes et de très
longue durée. Mais alors le vice radical du système,
qui déjà se fait sentir, s'aggraverait.

Les exemptions fiscales au profit de quelques-uns
ont pour conséquence de modifier les conditions de
la concurrence au préjudice des autres. Ceux-ci se
trouvent dans une situation d'infériorité d'autant plus
grande que non seulement ils ne bénéficient d'aucune
décharge d'impôt, mais sont au contraire surchargés.

Ils paient les faveurs dont ils ne profitent pas, dont même ils pâtissent. Car l'Etat récupère sur l'ensemble des contribuables la somme dont il exonère certains d'entre eux. Si ces procédés permettent à quelques personnes de se loger à meilleur compte chez un petit nombre de propriétaires privilégiés, ils empêchent les loyers de baisser chez la majorité des propriétaires surtaxés. Et voilà comment on procure le bon marché des habitations !

Encore qu'indirectes et timides, les interventions, lorsqu'elles ne sont pas en harmonie avec le milieu auquel elles s'appliquent, deviennent inopérantes ou nuisibles. Des mesures telles que les immunités fiscales, contraires à l'esprit de nos grandes lois économiques, sont mauvaises dans leur principe. Une application plus caractérisée de ce principe aurait des effets plus regrettables encore.

La construction et l'exploitation des maisons ouvrières par les communes entraîneraient des incidences analogues à celles dont nous venons de parler, mais moins occultes et moins mitigées. A Londres, le *County Council* ayant fait construire, lui-même, des habitations à bon marché, il s'ensuivit un découragement et un arrêt complets des entreprises privées impuissantes à lutter contre un tel concurrent. Suivant M. Georges Picot, auquel est dû ce renseignement, l'action directe de l'Etat, en pareille matière, « est énervante, démoralisatrice, en même temps que très coûteuse » et doit être résolument écartée « d'un domaine où elle n'a que faire » (1).

Ces dernières critiques ont été fort bien développées par M. Rostand, en réponse aux divers arguments étatistes que nous avons cités d'après lui. Le savant rapporteur du Congrès de 1900, délogeant successivement les socialistes d'Etat de toutes leurs positions, a démontré que l'intervention directe est illégitime, inutile, onéreuse, dangereuse pour les finances publiques, décourageante pour les activités de l'individu et de l'association, capable enfin d'entraîner des inconvénients spéciaux et des abus particulièrement graves (2).

Mais M. Rostand, après s'être déclaré l'adversaire des interventions directes, s'est fait le défenseur d'interventions indirectes basées sur le même principe que les premières, n'ayant avec elles que des différences de surface et d'intensité. Par une contradiction dans laquelle sont tombés beaucoup de promoteurs d'habitations à bon marché, il n'a pas soupçonné qu'une partie de ses arguments contre la thèse étatiste se retournent contre les concessions accordées — quoique prudemment — à cette thèse. Il ne s'est pas rendu compte enfin qu'une fois entré dans la voie des interventions socialistes,

---

(1) Congrès International des Habitations à bon marché, 1900. Compte rendu, p. 272.

(2) Compte rendu du Congrès des Habitations à bon marché, 1900. Voir : Rapport de M. Rostand, p. 138.

directes ou indirectes, l'Etat, surtout une démocratie, est amené peu à peu à s'y enfoncer profondément.

Il n'y a pas de limite pratique à l'intervention lorsqu'elle consiste à prendre aux uns pour donner aux autres. Ceci est particulièrement vrai dans la question du logement.

Certes nous reconnaîtrons volontiers que les pouvoirs publics ont des obligations et des droits en ce qui concerne la salubrité des habitations. Ils peuvent intervenir sous ce rapport par des enquêtes, par des règlements, par des travaux de voirie, par la propagation des règles d'hygiène, sans faire le jeu du collectivisme. Il n'en est pas de même pour d'autres modes de concours admis par M. Rostand : les atténuations fiscales en faveur des immeubles affectés aux petits logements, les subventions aux sociétés de construction, les souscriptions d'actions, les prêts, les cessions de terrains. Quoiqu'on dise que ces concours officiels se bornent à stimuler les entreprises particulières, on est bien obligé d'avouer qu'ils s'exercent avec les fonds publics et l'on ne peut s'empêcher de craindre qu'ils « ne soient ultérieurement exagérés par les surenchères des corps électifs » (1).

Telle est en effet notre crainte. Les germes socialistes contenus dans la loi du 30 novembre 1894 se sont développés avec la loi du 12 avril 1906. Et celle-ci a déjà trouvé ses détracteurs. A l'action indirecte

____

(1) Rapport de M. Rostand, p. 153.

des pouvoirs publics on veut substituer l'action directe.

Ainsi MM. Turot et Bellamy proposent que les municipalités démolissent les maisons insalubres, construisent elles-mêmes des maisons ouvrières salubres, tant pour remplacer les premières que pour dégorger les immeubles surpeuplés, et louent ces nouveaux logements à un taux aussi bas que possible afin d'amener une baisse générale des loyers (1). Se ralliant à ces projets, M. Pierre Baudin écrivait tout récemment de la commune : « Le logement tombe sous sa juridiction et si rien en fait ne la dispense du devoir de s'y intéresser, il faut lui donner les moyens de l'accomplir » (2).

Cet acheminement vers le socialisme est aidé par les lois interventionnistes en vigueur. Leur inefficacité contribue à l'expansion de leur principe. De même les résultats du municipalisme recommandé par MM. Turot et Bellamy détermineraient, presque nécessairement, des interventions encore plus étendues.

La question du logement et le socialisme fiscal

Plus les fonctions des pouvoirs publics se multiplieront, en France, moins le problème du logement sera

____

(1) Turot et Bellamy. « Le surpeuplement et les habitations à bon marché », 1907, p. 255.

(2) *Le Journal*, 22 décembre 1906.

résolu, et plus on s'approchera du collectivisme.

En construisant et en exploitant elles-mêmes des maisons, il arrivera fatalement que les communes arrêteront les entreprises privées, comme a fait le *London County Council*. D'où la nécessité de remédier à cette abstention. Reviendra-t-on alors au système de liberté sous lequel nous vivions autrefois? Les pouvoirs publics accepteront ils plutôt d'accroître le champ de leur action directe? On s'abandonnera vraisemblablement à cette dernière alternative, dans un pays démocratique où les majorités poursuivent, avec acharnement, la réalisation, par la loi et pour l'individu, d'un idéal matérialiste.

Cependant à mesure que l'Etatisme grandira la solution du problème reculera.

Celui-ci a été jusqu'à présent mal posé. Séduits par la riante perspective de loger les familles pauvres dans des constructions neuves, les philanthropes n'ont pas assez reconnu que les maisons existantes commandent, en quelque sorte, la situation. Les immeubles appartenant à des particuliers et ne bénéficiant d'aucune immunité fiscale sont de beaucoup les plus nombreux Ils le seront longtemps encore et abriteront une quantité considérable d'ouvriers, alors même que les municipalités se mettraient à construire. Malgré d'énormes dépenses, le London County Council n'a réussi qu'à loger une proportion assez faible des familles ouvrières de Londres, et encore ce ne sont pas les plus nécessiteuses. A Paris, M. Georges Picot estime que, pour améliorer l'habitation ouvrière « il ne faudrait pas moins de 5 à 600 millions (1) ».

En attendant que les citoyens de position modeste soient tous locataires de l'Etat, c'est donc principalement dans des immeubles soumis au droit commun qu'il conviendrait de les mieux loger. Pour cela deux conditions principales seraient nécessaires : 1º Un abaissement général du taux des loyers; 2º L'exécution de travaux d'assainissement dans les vieilles maisons.

Or — il faut le crier bien haut — le plus grand obstacle à ces deux catégories de réformes est l'Etat, l'Etat qu'on représente comme le seul facteur possible de progrès en matière d'habitation. Et ce sont précisément les croissantes interventions de l'autorité à tous les points de vue, c'est, en un mot, le socialisme qui empêche les loyers de diminuer et les immeubles de s'assainir.

Nous retrouvons ici le phénomène insuffisamment étudié de l'incidence des lois et des actes administratifs. Dans notre cas voici comment il opère :

L'extension du rôle de l'Etat se traduit par un accroissement rapide et continu des dépenses publiques. Les contributions et taxes diverses obéissent à une progression correspondante. D'autre part, la pro-

____

(1) Compte-rendu du Congrès International des Habitations bon marché. 1900, p. 269.

priété immobilière fournit au Trésor un aliment de prédilection. Incapable de lui échapper elle subit et subira donc, dans une mesure toujours accrue et beaucoup plus que les autres matières imposables, le contrecoup des lois sociales. Tandis que grossissent les budgets et avec eux les charges fiscales des immeubles, comment les loyers pourraient-ils diminuer ? Comment, au contraire, n'augmenteront-ils pas si le municipalisme et l'Etatisme envahissent tout ?

Dans les grandes villes, et spécialement à Paris, il sera de moins en moins possible aux propriétaires de garder à leur charge exclusive les impôts immobiliers car les exigences du fisc ont déjà fait descendre très bas leurs revenus. Elles se sont aussi répercutées sur les locataires, mais partiellement. Il arrivera peut-être qu'elles retomberont sur eux totalement. Il y a d'autant plus lieu de le redouter qu'en France les propriétaires de maisons, en général, n'ont pas la brillante fortune qu'on leur attribue : leur nombre est d'environ 6 millions et « 4 pour cent seulement des immeubles bâtis sont d'un revenu supérieur à 1.000 fr. (1) ».

MM. Turot et Bellamy ont formulé une appréciation téméraire, démentie par l'exemple des villes anglaises, en assurant que la commune pourrait construire grâce à des emprunts « n'alourdissant en

____

(1) M. Marc. Les charges de la propriété bâtie en France. Rapport au Congrès de la propriété bâtie. 1906, p. 8.

rien le fardeau de la dette, ni pour le budget, ni pour les contribuables (1) ». Ils ont compté sans les impôts en écrivant : « L'abaissement du taux des loyers des maisons construites par les communes tendra à rendre meilleur marché également les logements appartenant à des particuliers (2) ». Au surplus, pour y voir clair, ce n'est pas seulement la répercussion sur les propriétés privées des entreprises immobilières de la commune qu'il faut envisager, c'est la répercussion des réformes socialistes dans leur ensemble.

Elles ont pour effet, en second lieu, de rendre difficile à beaucoup de propriétaires l'exécution de travaux d'assainissement dans leurs maisons. Celles-ci produisant un revenu net trop faible, par rapport aux peines et soins de leur gestion, ceux qui les possèdent reculent de plus en plus devant les frais de réparation ou même d'entretien. Il existe de petits propriétaires qui, surchargés d'impôts, n'ont littéralement pas le moyen d'opérer dans leur unique immeuble les travaux les plus urgents.

Les mêmes causes ont empêché, empêcheront encore de construire. A moins de spéculer sur les habitations à bon marché, les exemptions d'impôts pendant une période de 5 ou 12 ans ne détruisent pas la légitime appréhension des charges qui, une fois

---

(1) Turot et Bellamy. Le surpeuplement et les habitations à bon marché. 1907, p. 180.

(2) *Op. cit.* p. 141.

cette période expirée, retomberont lourdement sur le constructeur. Aussi les demandes en autorisation de bâtir ont-elles tendance à diminuer. L'industrie du bâtiment et les nombreux travailleurs qu'elle fait vivre sont doublement menacés : par la raréfaction des travaux dans les maisons anciennes, par le ralentissement de la construction.

Pour être complet, ajoutons que les immeubles se déprécient et se vendent maintenant à grand peine. L'Etat, à son tour, ne tardera pas à souffrir de cet amoindrissement d'une importante matière imposable et du peu d'activité des transactions immobilières.

Le socialisme fiscal est à la base de tous ces maux. Il consiste à faire payer le coût des interventions étatistes à ceux qui n'en bénéficient pas et ce, dans de telles proportions, qu'avec lui la propriété devient un vain mot. Il socialise par l'impôt, il exproprie les citoyens, non dans leur capital, mais dans leurs revenus. La différence est illusoire ; seulement elle entretient l'erreur des bons contribuables qui se croiront encore propriétaires quand ils ne seront plus, en réalité, que des régisseurs au service de l'Etat.

Nos contemporains ont oublié que l'impôt, suivant une définition de l'Assemblée nationale, est « la dette commune de tous les citoyens et le prix des avantages que la société leur procure ». On comprend que, dans le cas d'une impérieuse nécessité, la solidarité nationale permette de localiser l'emploi des contributions payées par tous. Mais on ne comprend pas que le gouvernement érige en système cette pratique exceptionnelle. D'ailleurs, même exceptionnellement, elle n'est pas admissible lorsqu'elle n'est utile d'un côté qu'en étant préjudiciable d'un autre. Et ceci condamne, en même temps que le municipalisme de MM. Turot et Bellamy, les interventions indirectes défendues par M. Rostand.

L'impôt progressif sur le revenu mettrait le comble à la pernicieuse influence du socialisme fiscal envers les habitations. Il frapperait plus gravement que les autres ceux dont les capitaux ne pourraient se cacher ou s'enfuir, c'est-à-dire les propriétaires fonciers. Leurs revenus, étalés au grand jour, supporteraient le poids des élévations de tarif auxquelles on aurait recours pour compenser l'insuffisance des recettes obtenues de la fortune mobilière.

D'autre part, l'impôt sur le revenu serait en opposition directe avec les besoins de l'hygiène, s'il avait pour base le loyer d'habitation. « Cette base fiscale, a dit le Dr Louis Rénon, pousserait les classes populaires à s'entasser à nouveau dans des réduits mal éclairés, dans un encombrement et dans une hygiène des plus douteux (1). » Les conclusions du Dr Rénon garderont, suivant nous, toute leur valeur, quelle que

---

(1) Dr Louis Rénon, professeur agrégé à la Faculté de médecine de Paris, « Revue générale de clinique et de thérapeutique », 2 juin 1908

soit la base de l'impôt. Car les contribuables, ayant toujours à craindre une taxation d'office, seront portés à économiser sur les signes extérieurs de la richesse, notamment sur le loyer.

Les incidences du socialisme fiscal réservent, nous l'avons montré, de cruels déboires. Il se retourne contre les intentions dont il s'inspire. Plus il se développera, plus nous serons éloignés de voir, dans les propriétés particulières, les conditions du logement s'améliorer ; mais plus nous serons rapprochés du collectivisme intégral. On le proposera comme remède à des inconvénients engendrés par le socialisme d'Etat.

L'utilité sociale du propriétaire

En l'an 2.000, d'après l'américain Edward Bellamy, une atmosphère d'enchantement emplira la cité collectiviste. De mélodieux orchestres verseront, par téléphone, à domicile, des flots d'harmonie. L'électricité distribuera partout une exquise température. Un confort ultra-moderne règnera dans chaque demeure (1).

Tous les socialistes ne sont pas à ce point dithyrambiques, mais tous attendent de l'Etat propriétaire une administration des immeubles plus avantageuse pour les locataires.

____

(1) Edward Bellamy : « Cent ans après ou l'an 2.000 ».

Le collectivisme parviendra-t-il jamais à s'organiser? Supposons-le. Sans prétendre deviner complètement ce qu'il adviendrait, en ce cas, des maisons et de leurs habitants, il est possible d'apercevoir quelques décevantes probabilités. Nous les résumerons ainsi brièvement :

1° Les réparations et les transformations à exécuter dans les propriétés sociales, les maisons nouvelles à bâtir, l'entretien du personnel considérable affecté au service des habitations ne permettront pas de loger les citoyens gratuitement. Qu'il soit payé en argent ou en bons représentatifs de travail, il y aura quand même un loyer à verser par les occupants.

2° La liberté de choisir son logement sera réduite et fort exposée à disparaître. On ne pourra pas, avant très longtemps, changer la configuration générale des villes, ni remplacer les maisons existantes. Cependant des logements très différents à bien des points de vue seront loués à des tarifs sensiblement égaux, parce qu'il faudra les utiliser tous afin de loger tout le monde; parce qu'aussi plus d'égalité ayant été introduite dans les conditions d'existence, les individus disposeront de ressources à peu près identiques pour leur habitation; parce qu'enfin on ne voudra pas maintenir la loi de l'offre et de la demande qui fait la hausse et la baisse des loyers. En sorte que les locaux les plus agréables, les plus sains, en nombre limité, seront demandés par une quantité innombrable d'amateurs. L'Administration ne pouvant accorder à tout le monde les logements les plus recherchés, ni laisser vacants ceux qui le seront moins, en viendra, probablement, à répartir les uns et les autres d'autorité entre les familles. Les meilleurs appartements seront attribués, bien entendu, aux gros fonctionnaires, nouveaux privilégiés. Pour éviter cette distribution arbitraire des locaux, il faudrait renier les nouveaux principes et revenir à la vieille loi de l'offre et de la demande.

3° Avec le temps, les maisons anciennes seront remplacées par des immeubles tristement uniformes. Car la similitude des conditions et l'unification des tarifs de loyers se cristalliseront peu à peu dans des bâtiments d'une ressemblance égalitaire.

4° Soumis à l'élection, les gouvernants feront fléchir toutes les règles concernant la répartition et la tenue des locaux en faveur des électeurs influents. Pour se rendre populaires, ils essayeront de faire baisser le taux des loyers jusqu'à la gratuité, impossible pourtant à obtenir.

5° Une réglementation très minutieuse mettra des obligations diverses à la charge des occupants. Ils seront en butte à de rigoureux contrôles et à l'arbitraire d'une administration d'autant moins tolérante qu'elle aura des attributions plus étendues et plus compliquées. Déjà figurent, à l'heure actuelle, dans les règlements sanitaires, des prescriptions de salu-

brité à suivre par les locataires. Pour en surveiller
l'exécution, ni le propriétaire ni aucun fonctionnaire
ne peuvent pénétrer chez les particuliers. Cette sur-
veillance, poussée jusqu'à la violation du domicile,
aurait lieu certainement pour de telles mesures et
pour beaucoup d'autres encore, si les maisons appar-
tenaient à l'État. Comment les citoyens s'y oppose-
raient-ils, alors qu'ils dépendraient tous des pouvoirs
publics? L'Etat serait, pour eux, un propriétaire uni-
versel, despotique et tracassier dont ils ne pourraient
pas changer.

La mauvaise influence des mandataires élus et
d'une administration envahissante ne se ferait pas
sentir que dans le pur collectivisme. A ces deux
points de vue toutes les formes de socialisme appel·
lent des critiques.

La régie de constructions neuves par la commune
n'échapperait pas aux abus nés de l'élection. Certains
étatisants l'ont si bien reconnu, qu'ils sont d'avis d'enlever au conseil municipal une autorité directe sur
l'entreprise. Mais ils n'arrivent pas à nous convaincre
que les élus pourraient demeurer vraiment en dehors
d'une œuvre créée, organisée, subventionnée par eux
et dont ils gardent la responsabilité devant le corps
électoral.

Quant au danger de voir l'indépendance et l'inti-
mité du foyer compromises par des intrusions admi-
nistratives, c'est peut-être le plus grave à redouter de

tous les socialismes. Il existe dans l'action directe
des communes édifiant et régissant des constructions ouvrières. Il se déploierait, inévitable, avec
le collectivisme. Comment le domicile garderait-il un
caractère sacré, comment resterait-il aimé, sûr et
stable, tandis que des incursions étrangères le tra-
verseraient fréquemment, tandis que l'État y instal-
lerait son écrasante présence, occulte ou visible?
Dans un cri de triomphe — que nous enregistrons
comme un aveu — un socialiste disait à propos de
l'évolution législative actuellement en marche : « Le
mur symbolique de l'inviolabilité du domicile est
lézardé! » (1).

A cet oiseau de mauvais augure il faut répondre :
Si vous et vos pareils vous brisez le cadre de la
famille, vous briserez en même temps les seuls liens
solides et salutaires qui unissent les hommes. Vous
arracherez l'enfant à son atmosphère naturelle pour
l'exposer à tous les coups du malheur. Vous ruinerez
le pays moralement et matériellement.

La propriété individuelle — qui du reste impose des
devoirs à ses détenteurs — nous a préservés jusqu'ici
de telles déchéances. Elle est à même de remplir ses
fonctions, en matière de logement, beaucoup mieux
que les pouvoirs publics ne sauraient le faire. Elle
est, en outre, indispensable à nos intérêts généraux.

----

(1) Maxime Leroy : « Le Code civil et le Droit nouveau »,
p. 92.

Gardien d'un principe, sans lequel il n'existerait n
libertés effectives; ni véritable solidarité, ni énergie
créatrices, le propriétaire a une utilité sociale incon
testable. Au contraire le mot d'ordre du socialism
pourrait être : l'Etat contre la société.

PARIS. — IMP. CHARLES SCHLAEBER, 257, RUE SAINT-HONORÉ.

www.ingramcontent.com/pod-product-compliance
Lightning Source LLC
Chambersburg PA
CBHW061622060726
47597CB00005B/1758